LA VRAIE

PRONONCIATION FRANÇAISE

X

M. A. CAUVET donne depuis dix-huit ans des leçons chez lui ou en ville. Il enseigne, outre la littérature française, les matières du double baccalauréat.

On le trouve chez lui tous les jours, de 3 à 5 heures.

LA

VRAIE PRONONCIATION

FRANÇAISE

PAR

A. CAUVET

PROFESSEUR DE LANGUES, PRÉPARATEUR AUX ÉCOLES
DU GOUVERNEMENT
MEMBRE DE PLUSIEURS SOCIÉTÉS LITTÉRAIRES

PARIS

CHEZ L'AUTEUR, 8, RUE CASTIGLIONE

1869

L'auteur de ce traité entend par la vraie prononciation française celle qui est fondée sur ce que Molière appelle le *bel usage.*

Où ce bel usage est-il le mieux représenté ?

C'est dans les meilleurs salons de Paris, à la Comédie-Française et dans la Touraine, autorités plus sérieuses que les indications trop souvent systématiques des grammaires et des dictionnaires.

Quoique cet ouvrage s'adresse particulièrement aux étrangers qui apprennent la langue française, nos provinciaux des frontières ne pourront pas moins en faire leur profit que les habitants de la Suisse et de la Belgique.

Aujourd'hui que l'instruction tend à se répandre plus que jamais, la correction du style

ne saurait aller sans celle de l'élocution, comme
le fond ne peut se passer de la forme.

Pour assurer ses droits, l'auteur croit devoir
prévenir qu'il ne reconnaîtra d'autres traducteurs que ceux dont les noms suivent :

Angleterre	MM. James Sloper.
États-Unis	George N. Bigelow.
Allemagne	Rodolphe Lennheim.
Suède.	C. Löwing.
Italie	Cesare Cardelli.
Espagne	Adolphe de Véga.

RÉSUMÉ DES VINGT LEÇONS

CONTENUES

DANS CE TRAITÉ DE PRONONCIATION

ET COMPRENANT

LES DIFFÉRENTS SONS DE LA LANGUE FRANÇAISE

—

1. A grave . . . . *De grâce, Lucas,*
2. A bref . . . . *apportez-moi là,*
3. E ouvert. . . . . . . *si vous êtes prêt, les*
4. E moyen. . . . . . . *belles, anciennes, légères*
5. E fermé . . . . *et précieuses clés*
6. E nul, *e* muet . . . *de fer de*
   et eu long. . . . . . *deux*
7. I et Y . . . . *magnifiques*
8. O grave . . . . *grosses*
9. O bref . . . . *portes*
10. U. . . . . *brunes,*
11. Ou . . . . *où*
12. Diphthongues . . . . *huit quadruples*
13. L mouillé . . . . . . *vieilles futailles*
14. Liaisons . . . . *offriront aux amateurs, ve-*
    nus ici.
15. Consonnes dans les *de l'Helvétie, de la Norwége*
    mots . . . .
16. H aspiré . . . . *et de la Hongrie,*
17. Nasale *un* . . . . . . *un*
18 Nasale *on* . . . . . . *bon*
19. Nasale *in* . . . . . . *vin*
20. Nasale *an* . . . . . . *blanc sans mélange.*

———

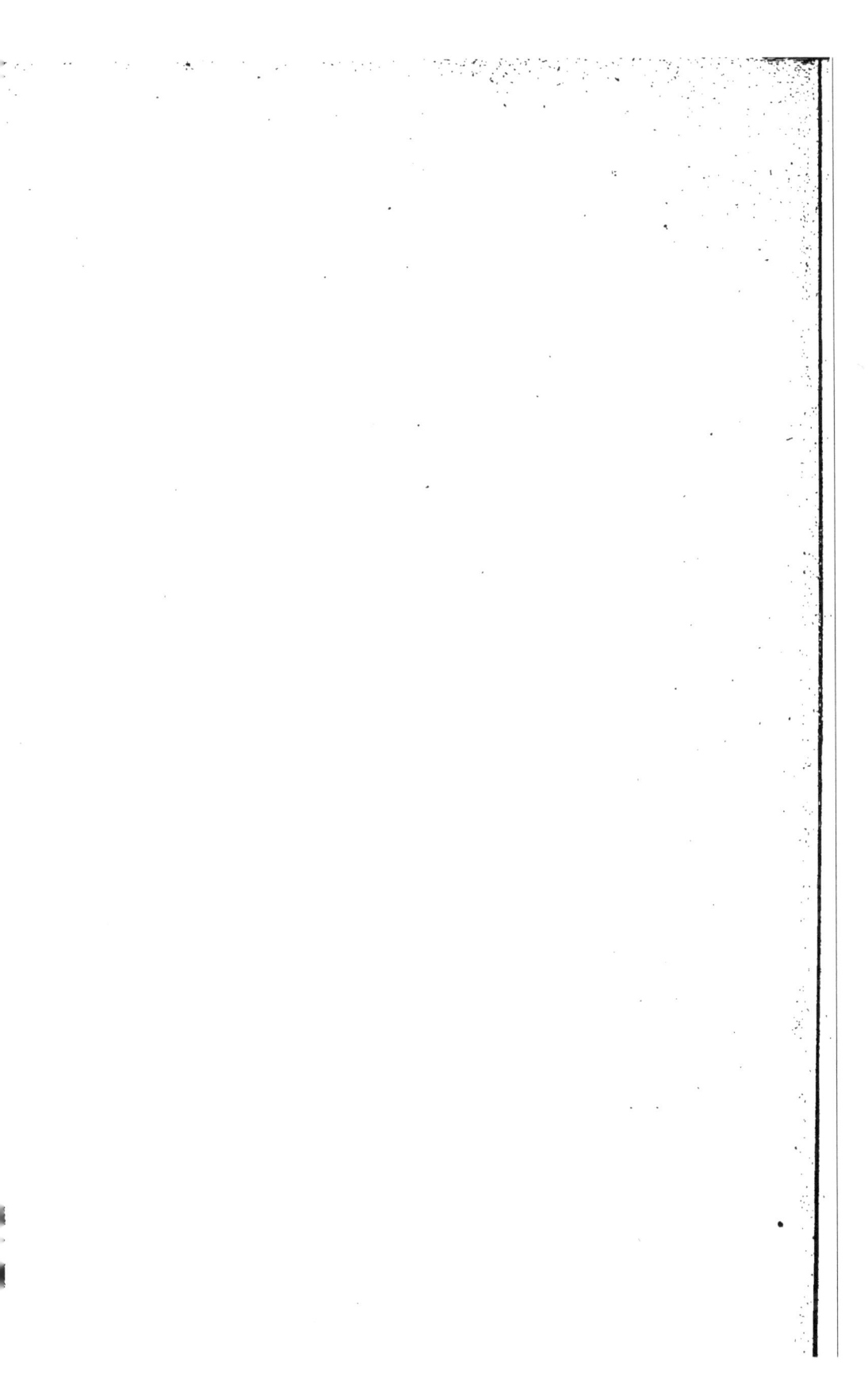

PREMIÈRE LEÇON.

A grave.

(De *grâce, Lucas.*)

A est grave et se prononce comme dans les mots précédents :

1° Quand il est surmonté d'un accent circonflexe : *grâce, blâmer, pâte, tâche* (besogne), *tâcher* (essayer), etc.

Exception. — Quoique marqué d'un accent circonflexe, *A* est bref dans les terminaisons *âmes, âtes, ât* de la première conjugaison : nous *parlâmes,* vous *aimâtes,* qu'il *allât.*

2° Dans les noms terminés en *asion, assion, ation :* *occasion, passion, constellation* etc.

3° Dans les noms et les adjectifs terminés en *as, ase,* ainsi que dans leurs dérivés : *las, lasser, bas, basse, bassesse, bras, embrasser, base, baser,* etc.

De même dans les noms propres terminés en *as : Dumas, Lucas, Thomas,* etc. ; prononcez de même *Judas* et *lacs* (piége), sans faire entendre le *c* :

Le lacs était usé.

(La Fontaine.)

REMARQUE. — On fait sonner la consonne *s* dans

1.

les mots suivants : *Atlas, hélas, vasistas, as* (carte), *pancréas, guérillas,* et dans les noms propres étrangers : *Madras, Galéas, Gil-Blas, Agésilas, Bias,* etc., ainsi que dans *Arras, Calas, Boissy-d'Anglas, Duras, Barras, Faublas, Havas.*

4° Dans les mots où il est suivi de *s, z,* devant une voyelle : *blasé, écraser, masure, gaze, gazer, gazomètre,* etc., et *gaz* qu'on prononce *gâze.*

5° Les mots suivants, où *e* est surmonté d'un tréma, ont le son d'un *a* grave : *poële, poëlon, moëlle, moëlleux, moëllon* et *coënne.*

Excepté. — *Noël, moët, poëme* et *poëte,* qu'on prononce : *No-èle, mo-ète, po-ème, po-ète.*

6° Les mots suivants, terminés en *ois, oix, oids, oît,* se prononcent comme *ou* très-faible suivi d'un *a* grave : *bois, trois, mois, noix, poix, poids,* il *croît, empois.*

7° L'usage veut qu'on donne également le son de l'*a* grave à la lettre *a* dans les mots suivants : *fable, sable, diable, affable, cable, érable, accable, crabe, bacler, racler, sabre, cadre, rafler, tare, barre, navrer, carré, carreau, casser, faner, manne* (terme médical), *Jeanne, Jacques, classe, chasse, tasse, échasse, damner* et *condamner* (prononcez *dâner, condâner*), *flamme, oriflamme.*

Exercice sur A grave.

Les *basses passions* triomphent ici-*bas*.
Hélas ! trois fois hélas ! le vice est plein d'*appas* :
Cette *admiration* qu'il trouve et qui me *fâche*
Offre à *l'âpre* critique une bien dure *tâche*.

DEUXIÈME LEÇON.

A bref.

(Apportez-moi là.)

A est bref et se prononce comme dans les mots
précédents :

1° Quand il est surmonté d'un accent grave : *là,
voilà, déjà, deçà, delà, holà.*

2° Partout où il n'est pas dans un des cas de la
leçon précédente : *carafe, patte, tache, tacher* (ma
culer), *caverne, abattre, retarder, disparate,* etc.
Asthme, asthmatique, se prononcent *asme, asma-
tique.*

REMARQUES. — On fait sonner le *c* dans les mots
terminés en *ac, arc : sac, lac, hamac, frac, parc,
arc,* etc.

Excepté dans les trois mots *tabac, almanach, esto-
mac,* et dans *marc* d'argent et *marc* de café.

> J'ai lu dans un *almanach*
> Qu'en fumant trop de *tabac*
> L'on s'épuise *l'estomac.*

On ne prononce pas les consonnes finales dans les
mots terminés en *at, ars, ard, art : combat, Villars,
gars, hasard, boulevard, rempart,* etc.

Excepté dans *mars, fat, vivat, stabat, exeat, immé-diat, mat* (terme de jeu); de même dans *laps, relaps.*

Ils traitent du même air l'honnête homme et le *fat.*

(MOLIÈRE.)

3° La diphthongue *oi, oy, oit, oigt,* se prononce comme *ou* très-faible et *a* bref : *moi, loi, royal, mouchoir, toile, doigt, toit, froide, soie,* etc. Le mot *roide* se prononce *raide*, comme l'écrivent nos meilleurs auteurs.

REMARQUE. — Le *t* est sensible dans l'exclamation *soit!*

Exception. — L'*i* est nul dans les mots *oignon, encoignure, moignon, poignet, poignée, empoigner.*

REMARQUE. — Les subjonctifs que je *voie,* que je *croie,* se prononcent *vou-aïe, crou aïe.*

4° La voyelle *e* suivie de *mn,* de deux *m* ou de deux *n,* a le son de l'*a* bref : *indemnité, solennel, femme, hennir, ardemment,* etc.

Excepté dans *ennui, emmener,* qu'on prononce *an,* et dans les mots suivants, qui ont le son de *m, n* : *sel gemme, Rennes, renne, Varenne, ennemi, Vincennes.*

Pour bien établir la différence entre l'*a* grave et l'*a* bref, on n'a qu'à prononcer tour à tour les phrases suivantes :

Ma *tâche* est finie.	J'ai fait une *tache* d'encre.
Je suis bien *las.*	Je suis bien *là.*
Il a un caractère *mâle.*	Il a beaucoup de *mal.*

Exercice sur A bref.

Mortel, écoute-*moi*. *Sache ardemment combattre*
L'égoïsme *fatal*. *Voici* quelle est *ta loi* : ·
Combien faut-il de mots pour *la* résumer? — *Quatre*.
Ces *quatre* mots sont : Dieu, pays, *famille* et *toi*.

Exercice sur la Ire et la IIe leçon.

Les CLASSES du collége sont *l'effroi* des LACHES, de ceux
qui ont toujours les *doigts* couverts de *taches* d'encre et
qu'on ACCABLE de punitions. Ils voudraient qu'on *encou-
rageât* leur *paresse*. Leur *travail* les LASSE. *A* peine le-
vés, ils sont *déjà fatigués*. HÉLAS ! la *loi* commune ne leur
cause *qu'ennuis*. Ils disent *impudemment* qu'ils sont
comme des *animaux* pris dans des LACS. On *croirait* que
leurs petits BRAS sont dépourvus de MOELLE. Ils se laissent
empoigner par *la* mollesse. Plus *tard* ce seront des *fats*
ridicules qui *parleront* de *tabac*, de *valet* de CARREAU et
d'AS de pique plutôt que de leur *histoire* et de leurs
ATLAS. Leurs mères qui auront été trop faibles pour
eux seront *alors* moins *à* plaindre qu'*à* BLAMER, pauvres
femmes!

TROISIÈME LEÇON.

E ouvert.

(Si vous *êtes prêt, les*)

E est ouvert et se prononce comme dans les mots précédents :

1° Quand il est surmonté d'un accent circonflexe : *prêtre, grêle, fenêtre, prêt, pêche,* etc.

2° Dans les mots terminés en *et, ets* : *gilet, mets,* je *permets,* et dans *aspect, respect, suspect, circonspect* (prononcez *aspêt, respêt, suspêt, circonspêt*). De même dans le mot *legs,* qu'on prononce *lê.*

Excepté dans la conjonction *et,* qu'on prononce *é;* dans *fouet,* qu'on prononce *fouâ;* dans les mots *net,* *Japhet,* où le *t* est sensible et le son de l'*e* moyen ; de même que dans *Nazareth, Josabeth, Élisabeth,* etc.

Faut-il vous parler *net ?*
(MOLIÈRE.)

3° Dans les monosyllabes en *es* et dans les mots terminés en *ès* : *mes, tes, ces, les,* tu *es, accès, procès, succès,* etc.

Excepté dans les mots étrangers où l'on doit prononcer l's et où le son de l'*e* est moyen : *Thalès, Cortès, florès, aloès,* etc.

4° *Ai, ay, ey,* à la fin des noms et des adjectifs, ont le son de l'*é* ouvert : *Fontenay, balai, vrai, Ney, Ferney, Ville-d'Avray,* etc.

Excepté dans *gai, geai, bai, Jersey, Anglesey, Guernesey,* qui ont le son de l'*e* fermé.

5° On donne également le son de l'*e* ouvert aux finales suivantes : *ais, aie, ait, aid, aix, aient, aître* : *Anglais,* j'*avais, plaie, craie, distrait,* il *fait, laid, paix,* ils *avaient, maître, paraître,* etc.

Excepté dans je *sais,* tu *sais,* il *sait,* et dans le mot *paye,* ainsi que tous les verbes de la première conjugaison terminés en *aie* : j'*essaye,* j'*égaye,* etc., qui ont le son de l'*e* fermé.

REMARQUES. — Le *t* est sensible dans le substantif *fait* à la fin d'une proposition :

Allez au *fait !* un mot du *fait !*

(RACINE.)

Ais, à l'imparfait et au participe présent du verbe *faire* ainsi que dans ses dérivés, a le son de l'*e* muet : nous *faisons, satisfaisant,* etc. ; de même dans les mots *faisan, faisander, faisanderie* (prononcez *fesons, fesant,* etc.).

Le *faiseur* des rois est mort.

(BÉRANGER.)

Que *faisiez-vous* au temps chaud ?

(LA FONTAINE.)

Exercice sur l'E ouvert.

Comme tous *mes* amis, vous devinez peut-*être*
Les deux causes qui font que je *hais* les *procès :*
C'est qu'on voit pour la *paix* tout mon *respect paraître,*
Et qu'aux *plaids les goussets* se vident sans *succès.*

QUATRIÈME LEÇON.

E moyen.

(Belles, anciennes, légères.)

E est moyen et se prononce comme dans les mots précédents :

1° Quand il est surmonté d'un accent grave devant une syllabe muette : *père, fidèle, nègre, collègue, mètre, inquiète, sincèrement.*, etc.

2° Quand il est devant deux ou trois consonnes : *paternel, mettre, merci, toilette, nouvelle, ouest, est, lest, serf, certain, éternel,* etc.

Excepté le mot *est,* du verbe *être,* qu'on prononce *aì.*

REMARQUE. — Les mots *cerf* et *nerf* font entendre l'*f* au singulier, mais cette consonne est nulle dans *cerf*-volant, *nerf* de bœuf, et au pluriel : une attaque de *nerfs* :

> Il put, non végéter, boire et courir les *cerfs*
> Mais des faibles humains méditer les travers.
>
> (ANDRIEUX.)

3° L'*e* est également moyen dans les terminaisons *ec, ef, el* : *échec, avec* (ne dites jamais *avé*), *bref, chef, miel, mortel*, etc.

Excepté dans les mots *chef-d'œuvre, clef* (qu'on écrit aussi *clé*), où l'*f* est nul et le son de l'*e* fermé.

REMARQUE. — Le pluriel *échecs* suit la règle précédente quand il signifie revers, mais comme terme de jeux il se pronoce *échais*.

> Il subit des *échecs* en jouant aux *échecs*.

Remarquez aussi que certains mots terminés en *er* ont l'*e* moyen, tels que *cher, fer, hiver, hier*, etc. (Voyez la leçon suivante.)

4° *Ei* et *ai* ont également le son de l'*e* moyen devant les finales muettes : *reine, enseigne, peine, j'aime, fontaine, malsaine, caisse, Voltaire, faible, paire, aile*, etc. De même, devant un *r* et dans les mots où *ais* est suivi d'une voyelle : *éclaircir, maison, raisonnable*, etc.

On donne le même son aux finales suivantes : *ème, ène, ième, yène, ienne* : il *sème, scène, Hélène, deuxième, hyène, la mienne*, etc.

Exception. — Le nom propre *Montaigne* se prononce *Montagne*.

Pour bien établir la différence entre l'*e* ouvert et l'*e* moyen, on n'a qu'à prononcer tour à tour les phrases suivantes :

Cette brebis *bêle*.	Cette brebis est *belle*.
Ce *prêtre* n'est pas mon *maître*.	Veuillez *mettre* là votre *mètre*.
J'ai mal à la *tête*.	Je *tette* encore ma mère, reprit l'agneau.

(LA FONTAINE.)

Exercice sur l'E moyen.

Espère dans le *ciel* comme ta *mère espère*,
Cher enfant, sois *certain* d'y *trouver* un bon *père* :
Dans sa *misère* il faut que le *faible mortel*
Offre *sincèrement* sa *peine* à l'*Éternel*.

Exercice sur la IIIe et la IVe leçon.

Un bon MAITRE EST comme un *père* pour SES ouvriers. Il EST toujours PRÊT à *faire* le bien. En le FAISANT (exception) il *laisse* partout la PAIX. Il se rend *cher* à tous et *ramène* dans la bonne voie les mécontents, cette PLAIE des

fabriques. Tous SES hommes manœuvrent comme dans un
jeu d'ÉCHECS : chacun FAIT ce qu'il doit *faire*. Ce sont
pour lui DES amis et non DES *serfs*. LES *paresseux* lui
donnent sur LES *nerfs; mais* il LES MET vite à l'unisson DES
modèles. Les *Grecs* EMPLOYAIENT *vainement* le FOUET pour
soumettre LES MAUVAIS SUJETS. Ils N'AVAIENT JAMAIS le
SUCCÈS du MAITRE *moderne* qui *traite* bien SES subordon-
nés et qui mérite leur *affection* et leur RESPECT.

CINQUIÈME LEÇON.

E fermé.

(Et précieuses clés.)

E est fermé et se prononce comme dans les mots précédents :

1º Dans les mots où il est surmonté d'un accent aigu : *vérité, répété, été, générosité,* etc.;

2º Dans les terminaisons des verbes de la première conjugaison : *prier, se fier, estimer, excuser,* etc.

REMARQUES. — Dans la conversation, l'*r* de ces infinitifs ne se prononce pas devant une voyelle : Il vient de m'*inviter* à dîner. Voulez-vous *chanter* une chanson ?

Excepté dans la lecture expressive et dans les vers, pour éviter l'hiatus ; alors l'*r* est sensible et le son de l'*e* moyen.

Il fallait sans cela *renoncer* à la vue
(ANDRIEUX.)

Passe encor de bâtir, mais *planter* à cet âge !
(LA FONTAINE.)

Après les mots *premier* et *dernier*, l'*r* est toujours sensible devant un nom commençant par une voyelle : le *premier* âge, mon *dernier* asile.

3° L'*e* est également fermé dans les noms et les adjectifs terminés en *er* et en *ier* : *danger, fermier, boulanger, régulier*, etc.

Excepté dans les mots *fer, amer, hiver, hier, ver, cancer, fier* (adjectif), *cher, mer, ter* ; dans les noms propres étrangers : *Jenner, Lavater, Jupiter, Abner, Omer-Pacha*, etc. Dans tous ces mots l'*r* est sensible et l'*e* moyen, de même que dans *Kœnigsberg, clerc, Wurtemberg*, j'*acquiers*, tu *conquiers*, il *requiert*.

4° *E* est fermé dans les mots terminés en *ez, ied* : *assez*, vous *avez*, le *pied*, il *sied, rez*-de-chaussée, etc.

Excepté dans les noms propres terminés en *ez* où le son de l'*e* est moyen et le *z* sensible : *Suez, Rhodez, Fez, Velasquez* et *Metz* qu'on prononce *Messe*.

5° On donne aussi le son de l'*e* fermé à tous les temps des verbes qui ont la première personne terminée en *ai* : j'*ai*, je *parlai*, je *jugerai*, etc.; de même quand *ai* est devant une syllabe non muette : *aigu, aimable, aider*, etc.

6° *Œ* devant une consonne a le son de l'*e* fermé : *Œdipe, Œta, œcuménique, œsophage*, etc.

REMARQUE. — On doit faire entendre distinctement les deux voyelles de la diphthongue *aé* : *aérien, aériforme, Danaé*, etc.

Exercice sur l'É fermé.

Ne *foulez* pas aux *pieds* ceux qui vont *mendier*.
Le Christ a dit : *Donnez*, je *saurai* vous le rendre ;
J'ai *juré*, *sachez*-le, de ne point *oublier*
La moindre *charité* que vous *voudrez répandre*.

SIXIÈME LEÇON.

E nul, E muet et EU long.

(Clés de fer de deux.)

L'*e* est nul : 1° A la fin des syllabes muettes :
bonne, *facile*, *rigide*, etc.

Excepté dans la terminaison *ie* : la *vie*, je *confie*,
etc., différence avec l'*avis*, *confit*.

2° Dans les monosyllabes qui se suivent, c'est le
deuxième, le quatrième et le sixième qu'on ne prononce pas :

Le secret, je ne dis rien, prononcez *Le s'cret, je n'dis
rien.*

Me le donnez-vous ?	—	*Me l'donnez-vous*
Je me le dis,	—	*Je m'le dis.*

Je ne te le prête pas,　　—　　*Jen'te l'*prête pas
La moitié *de ce que je te*　—　　*De c'que j'te r'dois*
　redois

3° Après un *son plein*, c'est-à-dire après une syllabe non muette :

Bain de mer　　　　prononcez *Bain d'mer.*
Le chemin de fer,　　—　　　*Le ch'min d'fer.*
On le dit,　　　　　—　　　*On l'dit.*
Il croit *que* c'est vous,　—　　Il croit　*qu'c'*est
　　　　　　　　　　　　　　　vous.

De même *au milieu des mots* : *Belleville, sûreté, empereur, gravement, doucement,* etc.

Exceptions. — L'*e* muet se fait entendre après un mot terminé par *c, f, l, r, rd, rs,* ou par *une syllabe muette* : avec *le* bras ; la soif *de* l'or ; le sol *de* la France ; Paul *me* parle ; l'air *de* la mer ; l'art *de* la peinture ; ce boulevard *me* plaît ; la page *que* vous lisez ; ils veulent *te* tromper, etc.

E muet est également sensible au milieu des mots, quand il est précédé de la jonction de *c, d, l, t, s, x, r,* avec une autre consonne : *exactement, appartement, faiblement, pauvreté, simplement, Charlemagne, obtenir, lourdement,* etc. ; de même dans les mots *atelier, batelier, râtelier, coutelier, sommelier, chamelier.*

L'*e* muet a la même force dans le pronom *le* après les impératifs : Voyez-*le,* écoutez-*le,* recevons-*le,* etc., et généralement à la tête des propositions : *Le* voyez-vous ? *Me* parlez-vous ? *Que* dit-il ? *Te* souviens-tu ? etc.

Eu est bref, c'est-à-dire qu'il a le son de l'*e* muet fortement prononcé devant, *f, l, r* : *neuf, heure, seul, demeurer*, etc.

Excepté dans *gageure*, qu'on prononce *gajure.*

On prononce comme *neuf, heure*, etc., les mots *œuf, bœuf, œil, œillet, œillade, œillette* (*l* mouillé), de même *cœur* et *mœurs*, où l'*s* est sensible.

Eu est long, c'est-à-dire qu'il a le son guttural du mot *deux*, quand il se trouve à la fin des mots et devant les lettres *e, s, t, x* : *adieu, vœu, lieu, glorieuse*, la *queue*, il *peut, affreux, neutre, calfeutrer*, etc.

Excepté dans l'adverbe *peut-être*, où *eu* est bref.

Remarque. — On supprime le son de l'*f* et l'on prononce comme *eu* long le nombre *neuf* devant une consonne : *neuf* personnes. Prononcez de même le *bœuf* gras, des *œufs* brouillés, des *œufs* frais.

Eu marqué d'un accent circonflexe a le son d'*eu* long dans *jeûne, jeûner*, etc. ; mais il a le son d'un *u* dans le verbe avoir : j'*eus*, nous *eûmes*, vous *eûtes*, etc.

Exercice sur E nul, E muet, EU bref et EU long.

Crois-*le, garde* un *secret* lorsqu'on *te le confie :*
Songe qu'un mot *fâcheux peut* produire un *malheur.*
Celui qui t'a livré tout l'espoir *de sa vie*
Ne s'est-il pas fié *fermement* à ton *cœur?*

Exercice sur la Ve et la VIe leçon.

Parmentier, l'introducteur *de* la pomme *de terre* en *France*, et *Jenner*, l'inventeur *de* la *vaccine*, *ne* sont arrivés à *se faire connaître que* très-*difficilement*. On *ne* voulait pas les *écouter* et l'on *se* moquait d'eux, tant il est vrai :

Qu'*enseigner* aux humains les utiles *doctrines*,
C'est *chercher* à son front la ronce et les *épines*.

Sachons-le : Nul *homme ne peut vulgariser* sans effort *de nouvelles connaissances. Je me le* suis *répété* souvent ; *je me le redirai encore* plus *de* vingt fois. Il faut *mettre de l'opiniâtreté* pour vaincre les sectateurs *de* la *routine. L'histoire de* nos progrès est le *martyrologe de* nos inventeurs. La *crainte de* l'inconnu est l'écueil *de l'ignorance*. Pour *devenir riches de gloire*, les *pères de* la *science* ont souvent connu la *pauvreté*.

2

SEPTIÈME LEÇON.

I et Y.

(Magnifiques.)

On prononce *i* et *y* comme dans le mot précédent quand ils ne sont pas joints à une autre voyelle : *finir, hardi, tilbury, hypocrite, difficile*, etc.

On ne prononce pas les consonnes finales dans les terminaisons *id, it. ist, ix, iz* : *nid, Madrid, muid, Jésus-Christ, profit, crucifix, bis* (adjectif), *Denis, Paris* (ville), *riz*, je *lis, soumis*, etc.

Excepté dans les mots le *Christ*, l'*Antechrist, jadis, onyx, cassis, iris, ibis, lapis, maïs, gratis, vis* (substantif), *préfix, lis* (substantif), *fils* (garçon, prononcez FISS), *zénith, gratuit ;* dans les mots empruntés au latin : *accessit, déficit, satisfecit, Félix, transit* (prononcez *tranzitt*).

De même dans les noms propres étrangers *Isis, Osiris, David*, le *Cid*, la *Lys* (rivière), le berger *Pâris*, et dans *phénix*.

Cependant l'*s* est nul dans fleur-de-*lis*.

Béatrix, Cadix, six et *dix* se prononcent *Béatrice, Cadice, sice* et *dice*.

Les mots terminés en *ic, ich, ic, ict*, font entendre les consonnes finales : *public, Zurich, brick, strict, district*, etc.

Excepté les mots *cric, porc-épic*, qu'on prononce *cri, pork-épi.*

Quand *is* est suivi de *que*, l'on ne prononce l's que dans le corps des mots : *puisque, risquer*, etc. On ne doit donc pas faire entendre cette consonne dans *depuis que, tandis que.*

Le *th* est muet dans *isthme* (prononcez *issme*).

Dans les mots terminés en *il*, cette dernière consonne est généralement prononcée : *cil, puéril, exil, subtil* (*suptil*), l'an *mil, civil*, etc.

Excepté dans les douze mots suivants : *baril, chenil, coutil, courtil, fenil, fusil, fournil, gentil, nombril, outil, persil, sourcil.*

Pour quelques autres mots terminés en *il*, voyez *l* mouillé.

Le tréma sur l'*i* exige qu'on fasse entendre séparément cette voyelle et la précédente : *Zoïle, haïr, Moïse, Laïs, maïs* (prononcez *Zo-ile, ha-ir, Mo-ise, La-isse, ma-isse.*

On donne le son aigu de l'*i* aux mots anglais *beef-steak, roast-beef* (*bifteck, rosbif*), *Lear, Kean, Shakespeare* (*Lire, Kine, Checspire.*)

Y conserve le son distinct de l'*i* dans *pays* et ses dérivés *paysage, paysan*, etc. (prononcez *pai-i, pai-isage, pai-isan*).

Jadis, dans *l'Empyrée*, en fronçant le *sourcil*,
Jupiter voyait tout *fuir* à sa *fantaisie;*
Et, sans oser *finir* son repas d'*ambroisie*,
Cerbère le *subtil* rentrait dans son *chenil*.

HUITIÈME LEÇON.

O grave.

(*Grosses.*)

O est grave et se prononce comme dans le mot
précédent :

1° Quand il est surmonté d'un accent circonflexe : *trône, prôner*, le *nôtre*, le *vôtre*, le *Rhône*.
la *Saône*, etc. (prononcez la *Sône*).

2° Dans les substantifs où il est suivi de la terminaison *tion* : *émotion, dévotion, commotion*, etc.

3° Quand il est à la fin des mots : *duo, bravo,*

indigo, *Sancho*, *numéro*, etc., et dans l'exclamation *oh !*

4° Dans la terminaison *ot* : *abricot*, *sot*, *haricot*, *trot*, etc.

Excepté le substantif *dot*, où le *t* est sensible et l'*o* bref.

REMARQUE. — L'adjectif *sot* se prononce comme *dot* devant une voyelle : Quel *sot* enfant !

5° Dans les mots terminés en *os* et dans leurs dérivés : *gros*, *grosse*, *grossir*, *grossier*, *dos*, *dossier*, *adosser*, etc.

Le substantif *os* suit cette règle au pluriel, mais au singulier il a l'*o* bref et l's sensible : Ce chien ronge un *os*.

6° Quand *os* est devant une voyelle dans le corps des mots : *gosier*, *Hermosa*, *rose*, *morosité*, *arroser*, *prose*, il se *reposa*, etc.

7° Dans les noms propres ou communs étrangers terminés en *os* : *Argos*, *Minos*, *pathos*, *mérinos*, *Burgos*, etc., prononcez *Argôce*, *Minôce*, etc.

Les gens de goût et d'éducation n'ont jamais manqué de faire cet *o* grave.

8° *Au* a également le son de l'*o* grave : *Beau*, *chaud*, *assaut*, *faux*, *gaule*, *miauler*, etc.

Excepté dans les mots *Paul* et *holocauste*, où il a le son de l'*o* bref, de même que dans les mots où il

2.

est suivi d'un *r* : *Laure, Isaure, laurier, hareng-saur, Saint-Maur, centaure*, etc.

> De mon *Isaure*
> Le mouchoir blanc
> S'agite encore
> En m'appelant

> (CASIMIR DELAVIGNE.)

Exercice sur l'O grave.

> *Gros* buveurs, pour être *dispos*,
> *Osez* fuir les vins qu'on vous *prône* :
> Tous ces *caveaux* où Bacchus *trône*
> Vous ont *bientôt* usé les *os*.

Exercice sur la VIIᵉ et la VIIIᵉ leçon.

Les proverbes de *Sancho* sont fort *drôles*. Ce *fils* (1) de l'Espagne était *rose* et *gros* comme un *baril, tandis* que Don Quichotte était maigre et avait le teint *bis*.

Voici de *beaux* dictons comme en répétait *Sancho* :

Chaque *district fournit* son monde.

(1) L'usage proteste contre les indications des grammairiens et des lexicographes, qui prétendent toujours qu'on prononce *fi* devant une consonne.

Un *sot* écrivain en trouve un plus *sot* pour le *prôner*.

Une *fille* sans *dot* est comme un soldat sans *fusil* ou comme un avocat sans *dossier*.

Quand *Paul* se lève, Pierre se couche.

Il y a des *lauriers* qui contiennent du poison.

Tandis qu'il parlait *ainsi*, son maître songeait à son *rôle* de *héros* et fronçait le *sourcil* à l'aspect d'un moulin *gigantesque*, ou *si* sa voix n'était pas trop enrouée, il chantait quélque *chose* en l'honneur de la *divine Dulcinée* de *Toboso*.

NEUVIÈME LEÇON.

O bref.

(Portes.)

O est bref et se prononce comme dans le mot précédent :

1° *Au commencement des mots*, quand il n'est pas suivi d'un *s* devant une voyelle : *orange, orner, hostile, ordonner, opportun*, etc. Excepté dans *odeur*.

REMARQUE. — Le mot *aoriste* se prononce *oriste*.

2° *Au milieu des mots*, pourvu qu'il ne soit pas dans un des cas de la leçon précédente : *notre, votre, poste, brosser, trotter, galoper, folie, boxer, sonner, forcer, sottise*, etc.

Excepté *Hanovre*, où l'*o* est long.

Le mot *toast* se prononce *toste*, ainsi qu'on l'écrit souvent.

3° Dans les mots terminés en *oc, och, oq* : *bloc, soc, Roch, Maroc, Médoc*, etc.

Excepté dans les cinq mots suivants, où l'*o* est long et le *c* nul : *broc, croc, accroc, raccroc, escroc :*

Je veux pendre l'épée *au croc.*

(MOLIÈRE.)

Eh quoi ! toujours des *accrocs ?*

(BEAUMARCHAIS.)

4° Dans les mots où il est suivi de *rt, rd, rs, rps*, *port, nord, alors, corps,* etc. De même dans le mot *porc.*

REMARQUE. — Dans ces différents mots les consonnes qui suivent l'*r* sont nulles, excepté dans les expressions *corps et âme, corps et biens* où l's est sensible.

5° Dans les substantifs terminés en *osse : carrosse, Écosse,* etc., et dans tous les mots en *oce : atroce, noce,* etc.

Excepté dans *fosse,* où l'*o* est long, de même que dans *fossé, fossoyeur.*

6° Les mots terminés en *ome, one,* ont également le son de l'*o* bref : *Rome, Vérone, madone,* etc.

Excepté *atome, tome, idiome, axiome, hippodrome, Babylone, Hippone, Bone, zone,* où l'*o* est long.

Pour bien établir la différence entre l'*o* grave et l'*o* bref on n'a qu'à prononcer tour à tour les phrases suivantes :

Jouez-vous à la *paume ?*   Il mange une *pomme.*
Mes amis sont avec les *vôtres.*   *Votre* ami est *poli.*

Cette maison est très-*haute*. Ce *chiffonnier* remplit sa hotte.

Le bateau est près du *môle*. Votre plume est *molle*.

Exercice sur O bref.

La vie est une *poste* à trois relais. *D'abord*
Pour nous *donner* un nom l'on nous met en *carrosse;*
Puis *notre* second train nous *porte* à *notre noce,*
Et le troisième, hélas! nous conduit à la *mort*.

DIXIÈME LEÇON.

U.

(Brunes.)

U se prononce comme dans le mot qui précède :

Quand il est placé avant ou après une consonne : *union, tribune, dessus, connu, rebuter,* etc.

La consonne *s* ne se prononce généralement pas après la voyelle *u* : *abus, confus, diffus,* Jésus, etc.

Excepté après les mots *rébus, us, sus, blocus, mordicus, typhus, omnibus, angélus;* de même dans les noms propres étrangers : *Janus*, *Morus*, *Romulus*, *Tholus*, etc. ; prononcez de même *Antinoüs* et *Archéloüs* (où le *ch* à le son du *k*).

Le mot *plus* ne fait généralement pas entendre la consonne *s* :

> Il ne m'en restait *plus* que cinq ou six petits.
>
> (RACINE.)

> *Plus* vous serez justes, *plus* vous serez heureux !

Excepté : 1° quand il est devant une voyelle :

> De *plus* en *plus* aimable.

2° Lorsque, signifiant davantage, il est suivi de que :

> Hélas ! en le perdant, j'ai perdu *plus* que lui.
>
> (MALHERBE.)

3° Quand il signifie en outre :

> *Plus*, dudit jour une potion anodine.
>
> (MOLIÈRE.)

La consonne *t* est généralement nulle dans les mots terminés en *ut* : *salut*, *rebut*, *tribut*, *institut*, etc.

Excepté dans les mots *brut*, *scorbut*, *chut*, *occiput*, *luth*, *Ruth*, *Belzébuth*, et dans le substantif *but* quand il est devant une voyelle ou à la fin d'une proposition : Il a voulu atteindre son *but*. Le *but* est assez loin.

La consonne *x* est nulle dans les mots *flux, reflux*, mais elle est sensible dans *Pollux*.

On prolonge un peu le son de l'*u* dans les mots où il est marqué d'un accent circonflexe : Il a *dû* le faire. Cette plante a *crû* rapidement.

Comparez ces deux phrases aux suivantes, où l'*u* est moins prolongé : Il a *du* savoir-faire. Il ne l'a pas *cru* facilement. Même différence dans ces deux phrases : Il est derrière le *mur*. Ces fruits sont *mûrs*.

Exercice sur U.

Quand, sous *Lycurgue*, à Sparte, un esclave avait *bu*
Plus qu'il ne le devait et faisait la *culbute*,
Le père à ses enfants présentait cette *brute :*
Son *but* était ainsi d'inspirer la *vertu*.

Exercice sur la IXe et la Xe leçon.

L'orateur Démosthènes, ce *colosse* de la Grèce, n'était pas de ces *hommes* que le moindre choc *rebute* et qui, au moindre ACCROC, reculent et perdent *de vue* leur *but*. *Plus* le *fossé* était large, *plus* son élan avait de force. *Comme* un coursier lancé dans l'HIPPODROME, il courait *sus* au plus grand adversaire. Il avait un rival célèbre par le *flux* de ses *paroles.* Ils étaient loin de s'aimer comme *Castor* et *Pollux.* Ce qui brillait chez *Démosthènes plus* que chez tout autre, c'était un débit *brut,* un feu *dévorant, plus* la *logique* et la *raison.* Ses AXIOMES étaient tranchants *comme* l'acier et son *organe* semblait *donner* plus de *sonorité* à L'IDIOME attique.

ONZIÈME LEÇON.

OU.

Ou se prononce toujours comme le mot précédent : *ouvrir, fou, mou, toujours,* etc.

Quand l'*u* du mot *ou* est marqué d'un accent grave, ce son est un peu prolongé. Pour marquer cette différence, prononcez tour à tour les deux phrases suivantes :

> Laquelle somme je lui rendrai à sa réquisition dans ce château, *ou* je l'épouserai (ou bien).
> Laquelle somme je lui rendrai à sa réquisition dans ce château *où* je l'épouserai (dans lequel).
>
> (BEAUMARCHAIS.)

Le mot d'*août* se prononce comme ce dernier *où*, excepté en poésie quand on le fait de deux syllabes.

On ne prononce pas les consonnes finales dans les mots terminés en *ous, oux, out, oud, oubs* : les *fous, jaloux, Saint-Cloud, Doubs, tout,* il *moud, tous* les *jours,* etc.

Excepté dans le *knout,* où le *t* est sensible.

REMARQUE. — Dans le pluriel *tous* on doit faire son-ner la consonne finale devant une voyelle ou quand ce mot n'est pas suivi d'un nom qu'il détermine :

Ils ne mouraient pas *tous,* mais *tous* étaient frappés.

(LA FONTAINE.)

On fait sonner les consonnes finales dans les mots terminés en *ouc, oug, oul : bouc, joug, Toul,* etc.

Excepté dans *soûl, caoutchouc, pouls :*

Voilà un *pouls* qui marque que votre fille est muette.

(MOLIÈRE.)

Les consonnes *s, p, g,* sont nulles dans les mots terminés en *ours, oup, ourg : toujours, discours, beaucoup, loup, bourg, faubourg, Strasbourg,* etc.

Excepté dans les mots *ours* et *croup :*

L'ours venant là-dessus, on crut qu'il s'allait plaindre.

(LA FONTAINE.)

Le *croup,* monstre hideux, épervier des ténèbres.

(V. HUGO.)

Le *g* est également sensible dans le mot *bourg-mestre.*

Dans les noms propres anglais deux *o* se pro-noncent comme *ou : Moore, Cook;* mais dans les noms flamands ils ont le son d'un *o* grave : *Waterloo, Vanloo.*

Le mot *alcool* a les deux *o* sensibles, ainsi que ses dérivés *alcoolique*, *alcooliser*.

Exercice sur OU.

Voyageur comme *Cook*, comme *Moore* poëte,
Chassant l'*ours* et le *loup*, Alexandre Dumas
Sous le *joug* du travail *courbe souvent* la tête
Et, *pour* nous charmer *tous*, va voir *tous* les climats.

DOUZIÈME LEÇON.

Les Diphthongues.

(*Huit quadruples.*)

On appelle diphthongue en français (prononcez diftongue), le double son de deux voyelles qui se suivent.

La diphthongue existe généralement dans la rencontre de deux voyelles : il *pria*, *première*, *fiole*, *lieu*, il *loua*, il a *joué*, *duo*, *lui*, *fuir*, *l'ouis*, il *tua*, *appuyer*, etc.

REMARQUE. — *Ay* devant une voyelle forme une diphthongue et conserve le son de l'*é* fermé : *ayant*, *payer, rayon, essayons,* etc. (prononcez *é-yant, pé-yer,* etc.); mais *ay* et *ai* ont le son d'un *a* dans *Lafayette, païen, Bayonne, baïonnette* et *faïence* (*La-fayette, pa-ïen, fa-ïence, Ba-yonne,* etc.).

La diphthongue n'existe pas pour l'oreille, c'est-à-dire que la première voyelle est nulle dans les mots où *g* est suivi de *ua, ué, ui, uo* : il *fatigua, guita·e, targuer, guise, anguille, guillotine,* nous *narguons,* etc.

Excepté dans les mots suivants : *aiguiser, aiguillon, linguiste, aiguille, arguer, Guyenne, Guyon, inextinguible, Guise* (nom propre), *lingual,* où *u* se prononce *ou.*

Les mots terminés en *igue* se prononcent *ig* : *ligue, brigue, intrigue,* etc.; mais on leur donne le son d'un u dans les féminins des mots terminés en *guë*: taille *exiguë,* parole *ambiguë;* de même dans *ciguë, j'arguë.*

La diphthongue n'existe pas pour l'oreille, c'est-à-dire que la première voyelle est nulle dans les mots où *q* est suivi de *ua, ué, ui, uo* : *quatre, quatorze, quart, quarante, équerre, quêter, quitte, iniquité, quidam* (kidan), *quotité, quotient* (ko-cian), *quint, aqueux, Tarquin,* etc.

Excepté dans les mots suivants : *questeur, questure, équestre, équitation, équilatéral, équiangle, quintuple, Quinte-Curce, Quintilien, ubiquité;* et dans les mots suivants, où l'on donne à *ua* le son d'*oua* : *quadruple, quadrupède, quadrature, quadrumane, quadrilatère, quadrige, in-quarto, quatuor, aquarelle, aqua-fortiste, équation, équateur, quadragénaire, quartz (couartss)*. De même dans les mots espagnols *alguazil, guano, Aguado*, etc.

Exercice sur les Diphthongues.

Plus je relis *Duruy*, plus mon plaisir *s'aiguise*,
S'écriait un *quidam ;* cet auteur, à ma *guise*,
Sur les *Guise* ou *Guillaume* atteint *l'iniquité*,
Poursuit l'intrigue et semble avoir *l'ubiquité*.

Exercice sur la XIe et la XIIe leçon.

Les auteurs comiques ont *souvent recouru* au *quiproquo*. Vous connaissez sans *doute* la scène de *l'Avare* de Molière *où* Harpagon *croit toujours* qu'il s'agit de sa cassette *quand* il est *question* de sa fille.

Tous ces malentendus *nous* plaisent à *tous, pourvu* que les scènes ne s'allongent pas comme du *caoutchouc*.

Beaucoup de traducteurs de la Bible ont fait aussi un *quiproquo* en *voulant* faire passer un chameau au *lieu* d'un câble par le *trou* d'une *aiguille*. *Anguille* aurait mieux valu que chameau. *Pourquoi* n'ont-ils pas mis un *ours ?* Mais à quoi bon *aiguiser* l'épigramme et tant *arguer* contre ces malheureux *linguistes ?* Il est plus facile de *narguer* que de se *distinguer* soi-même par la *correction*.

TREIZIÈME LEÇON.

L mouillé.

(Vieilles futailles.)

La consonne *l* est mouillée, c'est-à-dire qu'elle a le son d'un *y* fortement accentué :

1° Dans les terminaisons *ail, eil, euil, œil, ouil* (prononcez *aïe, eye, euye, ouye*), *travail, pareil, orgueil, coup-d'œil, fenouil*, etc.

De même dans le mot *rail* et ses composés *dérailler, déraillement*, et dans le nom propre *Pardailhan*.

2° Dans les mots où *ai, ei, eui, œi, oui* sont suivis de deux *l* : que j'*aille, Marseille, tailleur, œillade, bouillon, recueillir, patrouille, cuiller, cuillerée*, (prononcez *cu-yère, cuyerée*), etc.

REMARQUE. — Les substantifs terminés en *aille* ont l'*a* grave : *Versailles, taille, volaille, bataille*, etc. Excepté *limaille, médaille, représaille*.

3° A la fin ou au milieu des mots où *i* est suivi de deux *l* : *famille, Castille, Camille, fille, gentille, briller, juillet, billet*, etc.

Nota. — Pour bien marquer la force des *l* mouillés on n'a qu'à comparer ce mot *billet* avec le substantif *biais;* l'*i* du premier est beaucoup plus accentué que celui du second.

Exceptions. — *L* n'est jamais mouillé au commencement des mots ni après un *y* : *illusion*, *illustre*, *sibylle*, *idylle*, etc.

L'usage veut aussi qu'on prononce comme un *l* ordinaire ceux qui se trouvent dans les mots suivants et dans leurs composés : *ville*, *village*, *Villiers*, *Séville*, etc., *tranquille*, *tranquillité; osciller*, *vaciller*, *distiller*, *scintiller*, *oscillation*, *vacillation*, *scintillation*, *distillateur*, *pupille*, *codicille*, *pusillanime*, *imbécillité*, *mille*, *millier*, *million*, *millionnaire*, *Gilles*, *guérillas*, *Mabille*, *Calville*, *Cyrille*, *Achille*.

Remarque. — On prononce de même *il* dans le corps des mots devant une voyelle : *milieu*, *filial*, etc.

4° La lettre *l* est encore mouillée dans les mots suivants et leurs dérivés : *gril*, *griller*, *péril*, *périlleux*, *avril*, *babil*, *babiller*, *grésil*, *mil* (graine), *millet*, *gentilhomme*, *gentillesse*.

Remarque. — Le mot *gentil* employé seul et le pluriel *gentilshommes*, se prononcent *genti*, *genti-zhommes*.

Pour établir la différence entre les *l* mouillés et les *l* ordinaires, on peut en comparer la prononciation dans les phrases suivantes :

L mouillé.	L ordinaire.
Il veut *souiller* son nom.	Otez votre *soulier*.
Il vient de *piller* la maison.	Cette maison a des *piliers* solides.
Il ne faut pas *railler* les malheureux.	Ce général a *rallié* ses soldats.
Le temps finit par *rouiller* le fer.	Ce *roulier* a de bons chevaux.

La différence est la même entre *fusiller* et *fusilier*, *sommeiller* et *sommelier*, *fourmiller* et *fourmilier*, etc.

Exercice sur L mouillé.

Accueillons sans *orgueil* la *vieille* et pauvre *fille*
A qui le *travail* manque et qui vit sans *famille :*
Songe qu'en cette *ville*, enfant au teint *vermeil*,
Mille indigents n'ont pas ton *tranquille sommeil*.

QUATORZIÈME LEÇON.

Les liaisons.

(Offriront aux amateurs venus ici.)

On appelle liaisons les sons des consonnes qui terminent les mots sur les voyelles qui précèdent les mots suivants :

3.

Les liaisons ont lieu en général après les consonnes *s*, *t*, *x*, *z*. Ces deux dernières ont alors le son
du *z* : *Mes amis sont ici, Vous avez un beau livre,
heureux au jeu*, etc.

Exceptions. — La liaison n'existe pas après la
conjonction *et* : jeune *et* ardent; de même après le
substantif *nez* : *nez aquilin*.

Le *d* et le *t* ne forment pas la liaison après la consonne *r* : Le *renard* est rusé, l'*art* est difficile, *vert*
ou bleu, le *nord* et le midi, *fort* ou faible, etc.

Cependant le *t* du mot *fort* est sensible devant un
adjectif ou un adverbe : *fort* aimable, *fort* agréable,
fort aisément, etc. ; de même après le mot *part* dans
les locutions *de part et d'autre, de part en part*.

Le *d* a le son du *t* après les mots terminés en *and*,
end : *grand homme, comprend-il?* etc.

Le *t* est nul comme liaison après les mots *aspect*,
respect, suspect, circonspect : *respect* humain, *aspect*
affreux (*respec* humain, *aspec* affreux).

Dans tous les autres mots en *ect* on prononce
toutes les lettres : *abject, infect, direct, correct, in-
tellect*, etc.

Le *c* et le *p* sont nuls après les mots terminés en
anc, amp : un *banc* était là, le *blanc* et le noir, ce
champ est superbe, etc. Excepté dans *franc-ami*.

Le *g* a le son du *c* à la fin des mots terminés en
ang, ong : *sang* humain, *rang* illustre.

Quittez le *long* espoir et les vastes pensées.

(La Fontaine.)

Le *p* est sensible après le mot *trop* devant un adjectif ou un adverbe : *trop* heureux, *trop* ardemment, etc.

L'*n* final est nul après les mots terminés en *ien* : Le *chien* est fidèle, le *mien* est beau, le *moyen* est infaillible, etc.

Excepté après *bien* et *rien* et après *ancien* devant un substantif : *bien* aimable, *rien* à faire, *ancien* ami ; de même dans l'expression *moyen-âge*.

Les mots terminés en *an* et en *on* n'ont pas de liaison : *artisan* habile, la *leçon* est facile, le *son* et l'avoine, etc.

Excepté après les adjectifs possessifs *mon*, *ton*, *son*, et après *on* devant un verbe : *mon* ami, *ton* histoire, *son* âge, *on* écrit ; de même après *aucun* et *un* devant un nom : *un* enfant, *aucun* homme, etc.

Les adjectifs terminés en *ain* forment la liaison avec les mots qu'ils déterminent : *vain* espoir, *vilain* homme, *certain* enfant.

Il n'y a pas de liaison après les mots dont la dernière consonne ne se prononce pas : *escroc* effronté, *tabac* anglais, un *fusil* à deux coups, prendre le *mors* aux dents, etc.

Excepté dans l'expression *croc-en-jambes*.

Les nombres *cinq*, *six*, *sept*, *huit*, *neuf*, *dix* et *vingt* forment la liaison : *cinq* ou *six* ans, *huit* ou *dix* ans, *neuf* heures (prononcez *neuve*).

Remarque. — Les nombres précédents ont les dernières consonnes nulles devant une voyelle : *sept* pages, *vingt* francs, etc. (prononcez *sai*, *vin*). Excepté dans les dates : le *dix* février, le *sept* janvier, le *neuf* juin, etc.

Le *t* de *vingt* est sensible depuis *vingt et un* jusqu'à *trente : vingt-deux, vingt-quatre*, etc.

OBSERVATION IMPORTANTE. — Dans la conservation familière il ne faut pas abuser de la liaison : c'est l'oreille qu'il faut consulter pour ne pas en faire un usage ridicule : par exemple, il n'y a que les pédants qui transportent sur les voyelles les consonnes finales des deuxièmes personnes du singulier : tu *chantes* et tu *parles* à merveille. De même on doit dire : *trois* heures et demie, sans lier l'*s* du mot *heures*.

Exercice sur les liaisons.

Cicéron, *citoyen* honnête, fut de Rome
Le *rempart* assuré. *Respect* à ce *grand* homme
Qui, *vigilant* et ferme, a tenu sous sa main
Les pervers qui voulaient verser le *sang* humain.

Exercice sur la XIIIᵉ et la XIVᵉ leçon.

Un *vieillard* disait à trois jeunes gens : « Je *suis* en décembre et *vous en avril*; me voilà sur le *seuil* de la porte de l'éternité, *mais* à la *veille* de mourir je suis *tranquille*, car ma conscience n'est *souillée* d'aucun méfait; le *travail*

a été mon *soutien* et mon bonheur ; je n'ai jamais *vacillé*
sur la pente du mal. A *l'aspect* incessant du vice, faites
comme moi. Un *regard* est assez pour vous perdre ; *com-
prend-on* les étourdis qui cherchent à la fois le *blanc*
et le noir ? On se *perd* à ne pas réfléchir. Restez hon-
nêtes : le champ du devoir est facile à parcourir *quand on*
le veut. »

Ce *vieillard avait raison et* sa *leçon* est bonne à suivre.
On a raison de dire que le *respect* humain est *l'écueil* des
sages résolutions. A *quatre-vingt-cinq ans* n'avait-il pas
le droit de parler de la sorte à *ses* auditeurs qui en avaient
de *vingt-cinq* à *vingt-huit ?*

QUINZIÈME LEÇON.

Les consonnes dans les mots.

(De l'*Helvétie*, de la *Norwège*.)

Les consonnes dans les mots se prononcent avec leur son normal, excepté dans les cas suivants :

Le *c* a le son du *g* dans *second* et ses dérivés : *secondaire*, *seconder*, etc. De même dans les mots *czar*, *czarine*, *zinc*.

Le mot *curaçao* se prononce *curasso*.

Ch a le son du *k* dans les mots tirés du grec et de l'hébreu : *Bacchus*, *bacchante*, *chœur*, *chorus*, *Achab*, *écho*, *Colchos*, *orchestre*, *Cham*, *archéologie*, *chronique*, *anachorète*, *catéchumène*, etc. De même dans les mots *lichen* et *chaos* (*likène*, *kao*).

Excepté dans les mots qui commencent par *arch* : *archiduc*, *architecte*, *Archimède*, *archiprêtre*, *archevêque*, etc.

Remarquez pourtant que l'on donne le son du *k*

aux mots *archange, archiépiscopal*. Le mot *Xérès* se prononce de même.

Les mots suivants ont le son de *sh*, c'est-à-dire qu'ils se prononcent comme les mots français où l'on trouve *ch* : *Bachique, Achille, chérif, Mardochée, Achéron, Colchide, Rachel, Joachin, Chypre, Chérubin, chimère, Psyché, patriarche, Eschyle, Eschine* et *Michel*.

Le *ch* de ce dernier nom a le son du *k* dans les noms italiens : *Michel-Ange, Chérubini, Machiavel* et *Civita-Vecchia*.

Vermicelle et *violoncelle*, où le *c* avait autrefois le son de *sh*, se prononcent aujourd'hui comme ils s'écrivent.

Gn est dur au commencement des mots : *gnôme, Gnide*, etc., et dans *agnus, magnificat, stagnant, stagnation, igné, magnolia, inexpugnable*.

Dans tous les autres mots *gn* est doux : *Champagne, règne, vigne, Bourgogne*, il *répugne, incognito, magnésie*, etc.

Le *g* ne se prononce pas dans les mots italiens : *imbroglio, Cagliari*, et dans les trois mots *Compiègne, Regnard, signet*.

Le *p* est nul dans *Baptiste, baptême, baptiser*.

La consonne *r* se prononce en plaçant la langue sur le palais près des dents et en l'y faisant vibrer en repoussant l'air fortement.

La consonne *s* entre deux voyelles se prononce comme un *z* : *poser, raser, chose*, etc.

Excepté dans les mots composés *vraisemblable*, *vraisemblablement*, et dans *Desaix*.

L's de *trans* devant une voyelle a le son du *z*: *transaction*, *transitoire*, *transiger*, etc., excepté dans *transir*.

Sc a le son d'un *c* devant *e* et *i* : *sceptre*, *sceptique*, *scélérat*.

Les mots commençant par *ress* se prononcent comme *re* suivi d'un *s* dur et sont sujets à l'élision comme les mots commençant par une syllabe muette : la *ressemblance*, j'ai *ressenti*, la *ressource*, etc.

Les mots *là-dessus*, *là-dessous*, se prononcent *lad-sus*, *lad-sous*.

Le *t* est dur dans les verbes et dans les mots terminés en *thie*, *tie*, *tié* : nous *portions*, nous *rations*, *sympathie*, *antipathie*, *sacristie*, *partie*, *hostie*, *amitié*, *pitié*, etc.

Excepté dans les substantifs terminés en *tion* et leurs dérivés : *action*, *actionnaire*, *portion*, *ration*, *fonction*, *faction*, *nation*, etc. Cependant le *t* est dur dans *question*, *digestion* et *suggestion*.

Le *t* a le son du *c* dans les mots en *tial*, *tiel*, *tieux*: *partial*, *substantiel*, *captieux*, *ambitieux*, etc. Excepté dans *bestial*. De même dans les mots suivants : *démocratie*, *autocratie*, *aristocratie*, *diplomatie*, *suprématie*, *bureaucratie*, *théocratie*, *calvitie*, *Galatie*, *Helvétie*, *Croatie*, *Nigritie*, *Béotie*, *Dalmatie*, *minutie*, *argutie*, *impéritie*, *ineptie*, *inertie*, *patience*, *satiété*; de même dans leurs dérivés : *initiative*, *im-*

patienter, *Béotien*, etc.; mais ceux qui se terminent en *tique* ont le *t* dur : *Helvétique*, *aristocratique*, etc.

X est dur dans le corps des mots : *Eudoxie*, *génuflexion*, *Alexandre*, etc.; mais on le prononce comme un *z* dans *sixième* et *dixième* et comme deux *s* dans *soixante*, *Bruxelles*, *Auxerre*, *Auxonne*, *Aix-la-Chapelle*.

Devant une voyelle au commencement des mots *ex* se prononce comme *eg* suivi d'un *z* : *exil*, *exorde*, *exécution*, etc.

Le *W* se prononce comme un *v* : *Wolf*, *Wurtemberg*, *Norwège*, *Wolfrand*, *wagon*, etc. Excepté dans les noms anglais et flamands : *Walter* Scott, *Watteau*, *Waterloo*, la France *Wallonne*, etc.

Remarques sur le redoublement des consonnes.

On fait sonner le redoublement des consonnes *l*, *m*, *n*, *r*, au commencement des mots en *ill*, *imm*, *inn*, *irr*, comme dans *illusion*, *immuable*, *inné*, *irréfutable*, etc.

Excepté dans *innocent* et ses dérivés.

De même dans les terminaisons *eller*, *iller*, *illation* : *flageller*, *osciller*, *vacillation*, etc.;

Au commencement des mots en *colla*, *colli*, *collo* : *collationner*, *collision*, *colloquer*, etc.

Dans les mots latins et grecs le redoublement se fait généralement sentir : *Marcellus*, *Pyrrhus*, *Apollon*, *pallium*, *hellénique*, etc.

La lettre *r* redoublée se fait généralement sentir au milieu des mots : *terreur, interrègne, torrent, horrible,* etc.

Exercice sur les consonnes dans les mots.

Bavard du *dixième* ordre et très-*prétentieux,*
Maître *Michel* n'a pu *seconder l'ineptie*
Ni *resaisir* le fil de ses mots *captieux*
Dans tout l'*imbroglio* de sa pauvre *argutie.*

SEIZIÈME LEÇON.

H aspiré,

(Et de la *Hongrie.*)

La lettre *h* est nulle quand elle est muette.
Quand elle est aspirée, elle a la force d'une consonne et n'offre jamais de liaison avec les lettres précédentes.
Il y a deux manières de prononcer l'*h* aspiré : l'une forte, l'autre ordinaire.
L'*h* aspiré ne se prononce avec force et ne pro-

voque une véritable aspiration de la poitrine que pour exprimer un sentiment violent, comme dans ces phrases : Je *hais* ce *hideux* coquin ! Comment, vous n'êtes pas *honteux* de soutenir ce mensonge ?

L'*h* aspiré ordinaire n'est autre chose qu'un simple repos, qu'un manque de liaison. La prononciation de « la *Hongrie* » que nous avons citée comme exemple, n'a donc rien de guttural.

Voici les mots usuels qui ont l'*h* aspiré :

Ha ! (exclamation), *habler, hableur, hache, hacher, hachis, hachette, hagard, haie, haillon, haine, haineux, haïr, haïssable, haire* (cilice), *haler, haleter, haletant, halle, hallebarde, hallier, halte, hamac, hameau, hanche, hangar, hanneton, hanse, hanter, happer, haquenée, haquet, hardi, hardiesse, hardiment, s'enhardir* (évitez la liaison de l'*n* avec l'*h* aspiré dans ce mot. *Harceler, harangue, haranguer, haras, harasser, hardes, hareng, harengère, hargneux, haricot, haridelle, harem, harnais, harnacher, enharnacher* (même observation que pour *s'enhardir*), *haro ! harpe, harpiste, harpon, harponner, hasard, hasardeux, hasarder, hart, hâte, hâter, hâtif, haubans, haut* et ses dérivés *hauteur, hautain, hausse, hautbois,* etc., *hâve, Havre, havresac.*

Hé ! hé bien ! hennir, hennissement (voir la deuxième leçon), *héraut, hérisser, hérisson, héron, héros ;* mais l'*h* est muet dans les dérivés l'*héroïsme,* l'*héroïne,* les hommes *héroïques ; hêtre, herse, herser, heurt, heurter, hem ! hère, heaume.*

Hibou, le *hic* (le point difficile), *hideux*, *hideusement*, *hiérarchie*, *hiérarchique*, *hisser*.

Hobereau, Hoche, hochet, hocher, hoche-queue, holà! homard, hongre, Hongrie, Hollande, honte, honteux, honteusement, éhonté, honnir, hoquet, hoqueton, horde, horion, hotte, Hottentot, houblon, houille, houle, houleux, houlette, houppe, houppelande, houri, housse, houssine.

Hue! huer, huée, huche, houx, huguenot, hune, hutte, huppe, hupper, les *Huns, hure, hurler, hurlement, hussard.* De même dans le *huis clos.*

REMARQUES. — On n'aspire pas l'*h* de l'adverbe *hier*; on prononce donc *avant-hier* en faisant sonner le *t*.

Henri s'aspire toujours dans le discours soutenu : c'est pourquoi on dit la *Henriade;* mais l'*h* est muet dans *Henriette* et dans *Henriot.*

Huit a l'*h* aspiré : le *huit*, la *huitième place*, la *huitaine*, etc. Excepté après un autre nombre : *dix-huit, vingt-huit.*

La voyelle *o* a la force d'un *h* aspiré dans la *ouate*, les *oui* et les *non*, les *ouï*-dire, le *onze*, la *onzième* page, sur les *onze* heures, etc. Mais l'*o* de ce dernier mot redevient normal après un *t* : six et cinq font *onze*.

Exercice sur l'H aspiré.

Vers *onze* heures, soudain, le fils de *Henri* Quatre,
Entendant un *hibou hurler hideusement*,
Fait *halte* et vers l'oiseau *hargneux* va *hardiment*,
Puis, sans crier *holà* se *hâte* de l'abattre.

Exercice sur la XVe et la XVIe leçon.

L'histoire traite les plus grandes *questions* et juge les hommes d'État comme les *héros*. Elle considère si dans les *hautes fonctions* qu'ils ont remplies ils ont été *secondés* par l'assentiment national. Elle nous *initie* aux événements les plus ténébreux, aux faits d'armes les plus *hardis ;* met à nu les *ambitions* et pèse l'*autocratie* dans la même balance que la *démocratie*. Ni *sceptique*, ni crédule, elle discute les faits *invraisemblables*, provoque nos *sympathies* et nos *antipathies*, et si elle pose *l'héroïsme* sur un piédestal, elle renverse dans la boue les *hideux* scélérats qui ont sans *honte* changé le *sceptre* en knout comme quelques *czars* de Russie. Elle montre les communes cherchant à ressaisir leurs droits sous Louis *Onze* et nos *populations s'enhardissant* plus tard et *révolutionnant* l'Europe. Une bonne histoire doit être *impartiale, substantielle ;* elle doit *huer, honnir, harceler* la méchanceté et *l'inertie* et apprécier les meilleures *intentions*.

DIX–SEPTIÈME LEÇON.

Les nasales.

(Un bon vin blanc.)

Ces quatre sons, qui sont propres à la langue française, se prononcent comme il suit :

Un, de la gorge et sans effort.

Bon, par la simple émission de la voix, en montant légèrement.

Vin, véritable son nasal, en allant plus haut que pour le précédent.

Blanc, en montant vers le cerveau.

Comme on le voit, ces quatre mots suivent une échelle progressive qui doit en faciliter l'étude aux étrangers dont la langue n'a point de nasales.

NASALE *UN*.

On prononce comme on vient de le dire les mots terminés en *un*, *uns*, *unt*, *unts* : *Tribun*, *brun*, les *Huns*, les *importuns*, *défunt*, les *emprunts*, etc.

Prononcez de même *jeun* (*jun*).

Excepté *Aruns*, qu'on prononce *Aronce*.

Devant une voyelle *un* perd sa nasalité et se prononce *u* : *brunir*, vingt et *unième*, *jeûner*, *déjeuner*, etc.

Dans le corps des mots *un* et *um* ont également le son de la nasale *un* : *emprunter*, *humblement*, *défunte*, etc.

Excepté les mots *Pessinunte*, *jungle* et *junte* qu'on prononce : *Pessinonte*, *jongle* et *jonte*.

Prononcez de même le mot *punch* (*ponche*).

Les mots terminés en *um* se prononcent comme en latin avec le son d'*ome* bref : *album*, *opium*, *rhum*, *pensum* (*pinsomme*), *laudanum*, *forum*, *Barnum*, etc.

Excepté le mot *parfum* qui a le son de la nasale *un*; mais la nasalité disparaît dans les dérivés *parfumeur*, *parfumerie*.

Exercice sur la nasale UN.

Dans cet *album* on voit Attila, roi des *Huns*,
Barnum à *jeun* vendant du *punch* et des *parfums*,
Aruns dans le *forum*, les murs de *Pessinunte*
Enfin un Espagnol qui parle dans la *junte*.

DIX-HUITIÈME LEÇON.

Nasale ON.

(Bon.)

On prononce comme l'adjectif qui précède et, sans faire sonner les consonnes qui suivent l'*n*, tous les mots terminés en *on, onc, ond, ong, ons, ont, onds, onds, onts* : *garçon, jonc, tronc, blond, long, nous avons, le front, les fonds, les ponts*, etc.

REMARQUE. — L's est sensible dans les noms propres *Pons* et *Mons*.

Le mot *taon* se prononce *ton*.

Monsieur se prononce *mocieu*.

Le *c* du mot *donc* n'est sensible que devant une voyelle : Qu'il est *donc* aimable ! et dans les raisonnements quand il signifie par conséquent : Je pense, *donc* je suis.

Partout ailleurs on ne le prononce pas : Laissez-moi *donc* tranquille ! Allez *donc* le voir, etc.

Les mots terminés en *omb, omps, ompt*, se prononcent également comme *bon* sans faire entendre leurs dernières consonnes : *Plomb, Colomb, je romps, prompt*, etc.

Remarques. — Le *p* devant le *t* ne se prononce pas dans *prompte*, *promptement*, *promptitude*, *compte*, *compter*, *escompter*, *dompter*, *indompté*.

Excepté dans *impromptu*.

La voyelle *o* garde sa prononciation normale (voir *o* bref) dans les mots où elle est suivie de *n*, *mn*, *nn*, devant une voyelle : *Donation*, *omnipotent*, *calomnie*, *pardonner*, etc. D'après cette règle, le mot *bon* perd sa nasalité devant une voyelle : *Bonhomme*, *bonheur*, — prononcez de même *bon enfant*.

Remarque. — L'*m* est nul dans *automne*, mais sensible dans *automnal*.

Exercice sur la nasale ON.

Vous le voyez *donc* bien : jamais *monsieur Leblond*
Dans du *charbon de Mons* n'a fait passer *son plomb;*
Qui l'a *calomnié* doit nous en rendre *compte :*
Donc, nous vous *demandons réparation prompte.*

4

DIX-NEUVIÈME LEÇON.

Nasale IN.

(*Vin.*)

On prononce comme *vin* tous les mots qui ont les finales suivantes : *in, ein, ins, int, eins, eint, inct* : *fin, je convins, il revint, frein, serein, instinct, distinct, succinct*, etc.

REMARQUES. — L's est sensible dans le nom propre *Norvins*.

Le *c* est nul devant le *t* dans *succincte, succinctement*, mais sensible dans *distincte, distinctif, distinctement, instinctif, instinctivement*.

On prononce également comme *vin* tous les mots terminés en *ain, ains, aint, aim* : *bain*, je *crains*, il *contraint, daim, faim, essaim*, etc.

De même le mot *thym* et *vingt* devant une consonne ainsi que *cinq* : *vingt* personnes, *cinq* jours.

La nasale *in* existe toujours dans les mots où *in, ain, ein* sont devant une consonne : *pinte, absinthe, feindre, craindre*, etc.

Les mots étrangers *Ibrahim, Naïm, intérim, Arnim*, etc., se prononcent *Ibrahime, Na-ime*, etc.

La diphthongue *oin* se prononce *ouin* : *loin, moins, poing, coing, besoin*, etc. On donne le même son à *Saint-Ouen*.

La diphthongue *ien* ou *yen* se prononce *i-in* : *chien lien, moyen*, etc. Excepté *Enghien*, qui se prononce *Enghin*.

Les mots terminés en *éen* se prononcent *é-in* : *Européen, cyclopéen*, etc.

In, inn, im, imm devant une voyelle dans le corps des mots perdent leur nasalité et se prononcent *ine, ime* : *inutile, innover, imiter, immédiatement*.

Les mots terminés en *em, en*, se prononcent *ème, ène* : *Harem, Niémen, spécimen, gluten, abdomen*, etc.

Excepté *examen*, qu'on prononce toujours *examin*, et *hymen, Eden*, quand on les fait rimer avec les mots finissant en *in, ein, ain*.

Dans les noms étrangers, *en, em*, devant une consonne, ont aussi le son de la nasale *in* : *Mentor, Bengale, Bender, Oldembourg, Wurtemberg, Rubens, Le Camoëns* (prononcez *Rubince, Camouince*). De même les mots *agenda, Penthièvre, Benjamin, appendice*.

On prononce toutes les consonnes dans les nasales *inx, ynx* : *sphinx, larynx, pharynx, lynx*.

Exercice sur la nasale IN.

Boileau sut le *moyen* de susciter les *craintes*
De *maints* plats *écrivains* objets de ses *atteintes* :
Aucun d'eux ne put *rien* contre ses traits *malins*,
De là *vient* qu'on les vit jaunir comme des *coings*.

VINGTIÈME LEÇON.

Nasale AN.

(Blanc sans mélange.)

On prononce comme les mots qui précèdent tous ceux dans lesquels on trouve *an* ou *am* devant une consonne : deux *ans*, *blanc*, *grandeur*, *champion*, *sang*, *camp*, *pendant*, etc.

De même, les mots ou *en*, *em*, sont suivis d'une consonne dans le corps des mots : *pendre*, je *comprends*, *suspens*, le *temps*, *exempt*, *souvent*, etc.; prononcez de même *Rouen*, *Caen* (*can*); mais *Rouennais* et *Caennais* se prononcent *Rouanais*, *Canais*.

Le *p* est nul dans *exempte*, *exempter*, mais il est sensible dans *exemption*.

L's final est sensible dans les mots *Lens*, *cens*, d'*Argens*, *sens*, un *sens* droit; mais il est nul dans les expressions *sens commun* et *bon sens*. L's est également nul dans le mot *gens*.

Les trois mots *paon*, *faon*, *Laon* se prononcent *pan*, *fan*, *lan*. Le féminin *paonne* se prononce *panne*. Dans ce dernier mot comme dans tous ceux ou *ann* est devant une voyelle, la nasalité disparaît pour faire place au son de l'*a* : *paysannerie, bannisse-ment*, etc.

De même, quand *an* et *en* sont suivis d'une voyelle dans le corps des mots : *sanitaire, manière, tenir, arsenal*, etc. Il faut cependant excepter *enivrer, s'enorgueillir*, qui se prononcent *an-nivrer, san-norgueillir*.

Les mots terminés en *am* se prononcent *ame* : *Ham, Cham, Abraham*, etc.

Excepté *Adam* et *quidam* qui ont le son de la nasale *an*.

Le nom propre *Samson* se prononce *Sanson*.

Les mots terminés en *ient* se prononcent de trois manières :

1° Dans les substantifs ils ont le son de *ian* : *récipient, expédient, inconvénient*, etc.

Excepté *ingrédient* qui se prononce *ingrédi-int*.

2° A la troisième personne du singulier de l'indicatif ils ont le son de la nasale *i-in* : il *vient*, il *tient*, l se *souvient*, il *convient*, etc.

3° A la troisième personne du pluriel les finales *nt* sont nulles : Ils *congédient*, ils *expédient*, ils *convient* (prononcez *congédie, expédie*, etc.). Les finales *nt* sont également nulles à toutes les troisièmes personnes du pluriel qui se terminent en *ent* : ils *reçoivent*, ils *chantent*, etc.

Exercice sur la nasale AN.

Le *sens* commun nous dit que de son *éloquence*
On ne s'*enivre* pas *sans entendre* les *gens*.
Pousser des cris de *paon* pour imposer *silence*
C'est un funeste *exemple* et des plus *affligeants*.

4.

Exercice sur les QUATRE NASALES.

Rien ne *s'apprend* par *instinct*. En *étudiant succinctement* les règles qui *précèdent on prononcera distinctement* et *l'on obtiendra* un succès *sans précédent*.

Mon intention a été d'apporter mon *humble* pierre à l'édifice de la *langue française*.

Nos *institutions ayant atteint l'unité*, pourquoi donc *serions*-nous divisés *dans* un autre *sens?* Le *bon sens* nous dit qu'il faut *promptement* chercher le *moyen d'universaliser* et *d'unifier* la bonne *prononciation* et de faire en sorte que nos *provinciaux s'énoncent* comme les *Parisiens* de bonne *éducation*.

Bien des *gens* qui *feront l'examen* de *mon* ouvrage se *convaincront* qu'il est *consciencieux*, et si *l'Université* ne le croit pas *inutile*, nos *jeunes gens pourront* profiter de ces *leçons* et *s'instruire* en *s'amusant*.

OBSERVATIONS SUR LA DICTION.

Après avoir indiqué la prononciation des mots, qu'il nous soit permis de donner quelques conseils sur l'art de bien dire.

Une bonne diction doit être claire : on ne doit jamais laisser perdre une syllabe importante, car on parle d'autant mieux qu'on se fait mieux comprendre.

Nous recommandons surtout de varier les intonations, de ne pas traîner les syllabes, de ne pas chanter les phrases, comme font les méridionaux et les Suisses.

Dans les cas ordinaires il faudra se souvenir que l'*accent*, c'est-à-dire l'emphase, est généralement à la fin des mots de deux syllabes, à la première et à la dernière de ceux qui en ont trois, et à la deuxième et à la quatrième de ceux qui en ont quatre.

Nous recommandons surtout de lire souvent à haute voix nos meilleurs écrivains, d'apprendre des morceaux par cœur, et de mettre dans l'élocution, sous la direction d'un professeur, toutes les nuances nécessaires pour bien rendre toutes les idées.

La monotonie surtout doit être évitée avec le plus grand soin. Ce que Boileau a dit du style peut s'appliquer à la manière de s'énoncer :

Un parleur trop égal et toujours uniforme
Veut en vain nous séduire, il faut qu'il nous endorme ;
On aime peu ces gens faits pour nous ennuyer
Qui toujours sur un ton semblent psalmodier.

FIN.

TABLE DES MATIÈRES

Imprimé

PAR D. JOUAUST

Rue Saint-Honoré, 338

PARIS

ŒUVRES DE M. ALFRED CAUVET

LES CONTES DU FOYER.

LES ÉMOTIONS POÉTIQUES (préface de Lamartine).

ROSE ET PAPILLON (comédie).

LE NÉGROPHILE (*idem*).

L'ERMITAGE DU MISANTHROPE (*idem*).

Paris, imprimerie Jouaust, rue Saint-Honoré, 338.

www.ingramcontent.com/pod-product-compliance
Lightning Source LLC
Chambersburg PA
CBHW070932280326
41934CB00009B/1849